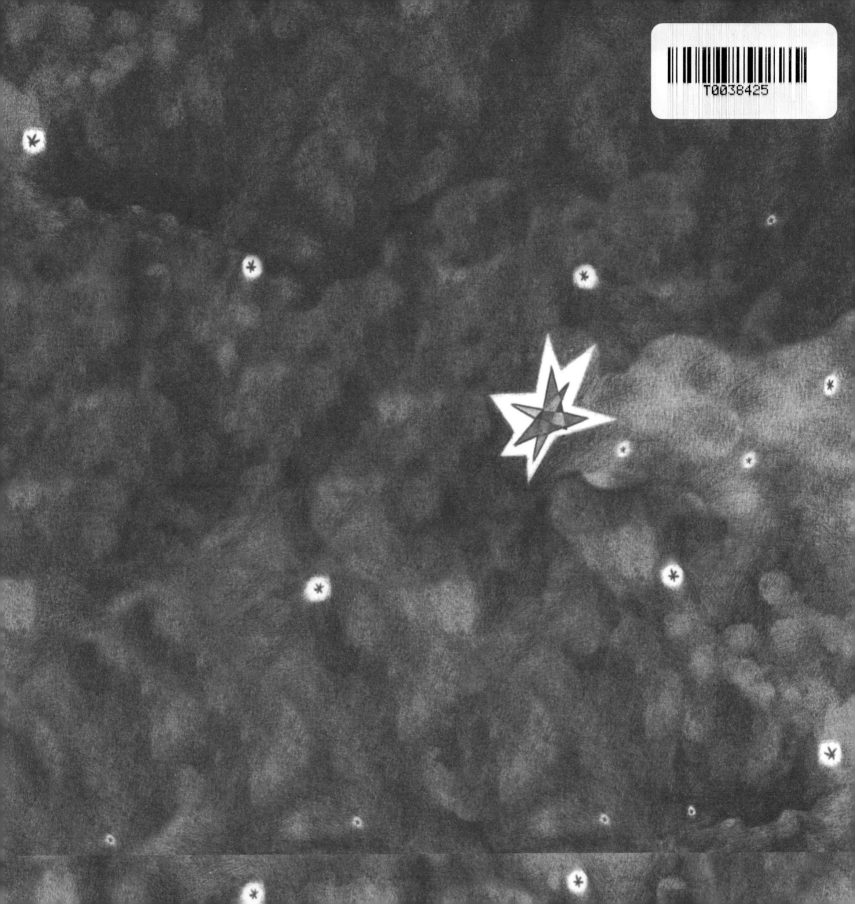

Con la colección **Infantil**, desde Vegueta queremos realizar nuestra particular aportación al proyecto universal más apasionante que existe, el de la educación infantil y juvenil. Como una varita mágica, la educación tiene el poder de iluminar sombras y hacer prevalecer la razón, los principios y la solidaridad, impulsando la prosperidad.

Genios de la Ciencia, la serie de biografías de científicos e inventores, pretende aproximar a los niños a aquellos grandes personajes cuyo estudio, disciplina y conocimiento han contribuido al desarrollo y a la calidad de vida de nuestra sociedad.

Guía de lectura

¿Deseas saber más sobre Cecilia Payne y su época?

○ Encontrarás citas de los protagonistas. | ☆ Obtendrás información más detallada.

Textos: **Carlos Ferráez**
Ilustraciones: **Itziar Barrios**
Diseño: **Sònia Estévez**

Colección dirigida por **Eva Moll de Alba**

© Vegueta Ediciones
Roger de Llúria, 82, principal 1ª
08009 Barcelona
www.veguetaediciones.com

ISBN: 978-84-17137-73-1
Depósito Legal: B 20364-2021
Fecha de publicación: febrero de 2022
Impreso y encuadernado en España

Esta obra ha recibido
una ayuda a la edición del
Ministerio de Cultura y Deporte

MINISTERIO
DE CULTURA
Y DEPORTE

DIRECCIÓN GENERAL DEL LIBRO
Y FOMENTO DE LA LECTURA

FSC
www.fsc.org
MIXTO
Papel procedente de
fuentes responsables
FSC® C121047

GENIOS DE LA CIENCIA

CECILIA PAYNE

LA ASTRÓNOMA QUE DESCIFRÓ LAS ESTRELLAS

TEXTOS **CARLOS FERRÁEZ**
ILUSTRACIONES **ITZIAR BARRIOS**

Vegueta 🏠 Infantil

A todos nos gusta mirar el cielo por la noche y contemplar las estrellas, esas luces que titilan en la oscuridad, pero ¿alguna vez te has preguntado de qué están hechas?

Esta es la historia de una chica a la que, al igual que a ti, le encantaba mirar el cielo. Se llamaba Cecilia Payne-Gaposchkin y fue la primera en descubrir que las estrellas están compuestas de elementos químicos como el hidrógeno y el helio.

Pero, antes de hacer ese increíble descubrimiento y de convertirse en una científica famosa, Cecilia fue una niña muy curiosa e imaginativa. Le gustaba mucho observar, y no solo el firmamento, sino también la lluvia, los insectos, las plantas... Las pequeñas cosas cotidianas la fascinaban y sus inquietudes no conocían límites.

«He alcanzado alturas que nunca, ni en mis sueños más alocados, habría previsto hace cincuenta años. Ha sido un caso de supervivencia, no de la más apta, sino de la más tenazmente persistente».

Cecilia Payne

Elemento químico

Es una sustancia que se compone de una única clase de átomos y no puede ser descompuesta.

Hidrógeno y helio

El hidrógeno es el elemento químico más ligero que existe, y el helio, el segundo. En condiciones normales, ambos se encuentran en estado gaseoso.

«Mi hermano Humfy va a montar en carruaje con su padrino y yo también quiero ir», le dijo una tarde Cecilia a su padre, irrumpiendo en su estudio. A la pequeña le habían negado disfrutar del paseo diciendo que era cosa de hombres.

Edward, entonces, abandonó su trabajo para ir a dar una vuelta con su hija. Cuando se toparon de casualidad con el carruaje, le hizo una señal al chófer para que parara y le abrió la puerta a Cecilia. Ella recordaría ese breve momento como uno de los más felices de su infancia.

Por desgracia, Edward murió cuando Cecilia tenía apenas cuatro años, por lo que ella, su madre y sus dos hermanos tuvieron que arreglárselas solos para salir adelante. Pero no todo fueron penurias.

☆ **Edward y Emma Payne**

Los padres de Cecilia le animaron siempre a ser una niña inquieta. Su padre era un abogado apasionado por la música y la historia. Su madre, una pintora que le daba gran importancia a la educación. Tuvieron tres hijos: Cecilia, Humfy y Leonora.

Una tarde gris, Cecilia contemplaba una poderosa tormenta desde su ventana. Cuando al fin paró el aguacero, salió para ver cómo el viento movía el pasto mojado de la campiña inglesa. ¡Le encantó! Era como si la hierba estuviera bailando… Después, al acercarse un poco más, descubrió miles de gusanos reptando por la tierra. Muerta de asco, corrió a contarle a su mamá lo que había encontrado. No lo sabía aún, pero, así, ya estaba practicando el método científico: observar y compartir los resultados.

También con su madre, Cecilia descubrió las maravillas del cielo. Una noche de invierno, mientras paseaba con ella, un meteoro brillante dibujó una estela en la oscuridad. Su madre hizo una rima para que ella recordara ese momento, sin saber que ese cielo y sus misterios harían que el nombre de su hija pasara a la historia:

«Mientras de noche dábamos un paseíto,
vimos un brillante meteorito».

Otro de sus momentos favoritos era cuando su madre le leía un cuento, algo que hacía cada noche. Uno de sus preferidos era la *Odisea*, un libro de un autor griego llamado Homero que cuenta la historia de un hombre que desea regresar a su casa, pero el dios de los mares lo mantiene preso en una isla.

☆ **El método científico**

Es una metodología propia de la ciencia que se utiliza para obtener nuevos conocimientos. Consiste en observar, medir, experimentar y formular una hipótesis, que luego unos compañeros se encargarán de corroborar.

☆ **La *Odisea***

Se trata de un largo poema épico compuesto por el griego Homero en el siglo VIII a. C. que narra las aventuras de Ulises en su viaje de regreso desde Troya a Ítaca, su tierra natal. El viaje dura diez años y su perro, Argos, es el único que le reconoce a su llegada y, agotado por los años de espera, muere nada más verlo.

☆ **Ambidiestros**

Son aquellos que usan con la misma destreza la mano izquierda y la derecha o el pie izquierdo y el derecho. Entre un 87 % y un 92 % de la población es diestra, de un 8 % a un 13 % es zurda y un ínfimo porcentaje es ambidiestro. Algunos famosos personajes con esta habilidad son el pintor Leonardo da Vinci, el científico Albert Einstein y Adam Levine, el vocalista de la banda Maroon 5.

Por esa época, Cecilia empezó a ir al colegio, donde aprendió otros idiomas, como el francés, el latín y el alemán. También descubrió que le resultaba más fácil escribir y dibujar con la mano izquierda, pero en aquellos tiempos a los niños y niñas les obligaban a utilizar la derecha…

Le era tan doloroso e incómodo que, cierto día, haciendo uso de sus dotes de investigadora y de su tenacidad, se propuso volverse ambidiestra. Practicó mucho tiempo hasta que no solo logró su propósito, sino que también aprendió a escribir de derecha a izquierda y de izquierda a derecha, con las letras al revés. ¡Nada fácil!

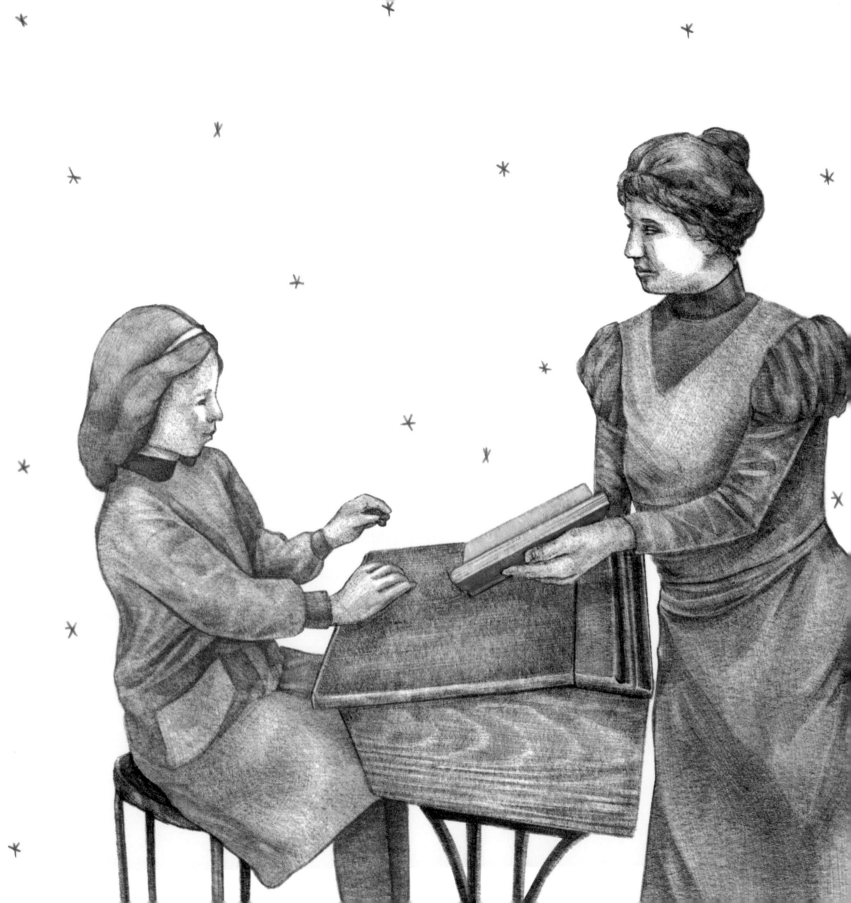

Cuando cumplió doce años, su familia se mudó a Londres, donde la inscribieron en el colegio St. Mary's. En esa escuela encontró lo que se convertiría en uno de sus lugares favoritos en el mundo: un laboratorio. Frascos de vidrio con etiquetas ocupaban los estantes de las paredes. Aquel cuarto estaba lleno de misterios... ¡y a Cecilia le encantaban los misterios!

Sin embargo, no todo era perfecto. Cecilia era una alumna tan aplicada e inteligente que a la directora de la escuela le costaba trabajo encontrar profesores que pudieran enseñarle al ritmo que ella necesitaba. Además, en aquella época, no era común que las niñas mostraran tanto interés por la ciencia, por lo que, un año antes de graduarse, le aconsejaron cambiar de colegio.

La directora le escribió una carta de recomendación para el St. Paul's. Aquel centro contaba con mejores docentes y laboratorios más grandes y mucho más adecuados para estudiar Biología, Física y Química. Cecilia estaba fascinada. ¡Por fin podía dedicarle todo el tiempo que quería a sus experimentos! Y es que Cecilia tenía un sueño: convertirse en alumna de la prestigiosa Universidad de Cambridge.

○ «Me sentía como si hubiera pasado de la época medieval a la moderna. Había laboratorios de física, biología y química, y profesores especializados en esas materias. No solo se me permitió, sino que se me animó activamente a estudiar ciencias».

Cecilia Payne sobre el colegio St. Paul's

☆ **Universidad de Cambridge**

Es una universidad pública situada en la ciudad de Cambridge, Inglaterra, fundada en 1209 por el rey Enrique III. Por su historia e influencia, se ha convertido en una de las mejores y más prestigiosas universidades del mundo.

Cecilia dedicó ese año a estudiar una gran variedad de fenómenos físicos, como el funcionamiento de los imanes o el vuelo de los aviones. También aprendió algo de astronomía y, a final de curso, su esfuerzo se vio recompensado con una beca y una plaza en la universidad que tanto había anhelado.

En Cambridge lo primero que llamó su atención fue la luz otoñal que entraba por las ventanas de su cuarto. Nunca antes había tenido una habitación para ella sola. El ambiente en el resto del campus era también muy emocionante. La Primera Guerra Mundial había terminado y los estudiantes disfrutaban de largas charlas y animados debates sobre política y ciencia.

Fiel a su pasión, encontró en la universidad uno de los lugares más especiales del mundo: el Laboratorio Cavendish. ¡Ese sí que era un laboratorio! Se encontraba en una casa vieja de grandes puertas macizas. Las paredes estaban construidas de bloques de piedra de cuarenta centímetros de espesor. Las ventanas tenían cubiertas de madera que proporcionaban a la estancia la oscuridad necesaria para realizar experimentos electromagnéticos. ¡Un lugar realmente fascinante!

«La recompensa de un joven científico es la emoción que siente al ser la primera persona en la historia en ver o entender un fenómeno. La recompensa del científico viejo es la sensación de haber visto cómo un vago bosquejo se convertía en un paisaje majestuoso».

Cecilia Payne

Laboratorios Cavendish

Son el Departamento de Física de la Universidad de Cambridge. Hasta ahora, 28 investigadores de estos laboratorios han ganado el Premio Nobel.

Ahí, en la Universidad de Cambridge y su laboratorio, pudo sumirse en sus investigaciones y conoció a gente muy interesante que compartía con ella una gran curiosidad por los fenómenos físicos. Entre ellos, uno de sus maestros favoritos: Ernest Rutherford, que estudiaba las partículas atómicas y que llegaría a ganar uno de los premios más importantes del mundo científico, el Premio Nobel de Química.

Las reglas universitarias dictaban que hombres y mujeres debían sentarse separados durante las clases y que las mujeres debían ocupar siempre la primera fila. Ella, la única alumna de Rutherford, se sentía incómoda por tener que ocupar siempre aquel asiento.

«Los físicos somos como niños: necesitamos hacer pedazos un reloj para averiguar cómo funciona».
Ernest Rutherford

Ernest Rutherford (1871-1937)

Considerado padre de la física atómica, Rutherford se dedicó al estudio de las partículas radiactivas. Los descubrimientos bajo su cargo de director de los Laboratorios Cavendish marcaron un antes y un después en la física nuclear.

Premio Nobel

Se otorga a personas o instituciones para reconocer su contribución a la humanidad en el ámbito de la Física, la Química, la Medicina, la Literatura, la Paz o la Economía.

☆ **Arthur Stanley Eddington (1882-1944)**

Fue el astrónomo inglés más reputado del período de entreguerras por sus estudios sobre la estructura interna estelar y por su contribución a la comprensión de la relatividad y la cosmología moderna.

☆ **Botánica**

Es la rama de la Biología que estudia las plantas en todos sus aspectos, considerando la estructura, las características, las propiedades y las relaciones de los vegetales y sus procesos vitales.

☆ **Astronomía**

Es la ciencia que estudia las galaxias y los cuerpos celestes, como las estrellas, los planetas o los cometas.

Una noche despejada, una compañera de clase de Cecilia enfermó y le regaló una entrada para una conferencia del astrónomo Arthur Stanley Eddington. Se trataba de uno de los eventos más importantes de la universidad, y escucharle hablar sobre el universo tuvo en ella un efecto sin precedentes. Apenas terminó, salió corriendo y se encerró a transcribir la charla palabra por palabra. No pudo dormir durante tres noches pensando en el mundo de posibilidades, o más bien el universo, que se abría ante ella.

Esta charla cambió su vida porque la motivó a abandonar la Botánica, la rama de la ciencia que sí se consideraba «apta» para mujeres, y dedicar toda su energía al estudio de las estrellas.

Cuando le quedaba poco para graduarse, tuvo que enfrentarse a una disyuntiva de la que había estado huyendo. Y es que no tenía muchas opciones para seguir su camino, pues sabía que en Inglaterra jamás encontraría un trabajo de astrónoma. A lo sumo, podría acabar como maestra de instituto.

Fue otro de sus profesores, un hombre llamado Leslie John Comrie, quien le tendió el salvavidas que necesitaba. Le contó que él acababa de aceptar un trabajo de profesor en una universidad de Estados Unidos y que, si realmente quería continuar investigando y estudiando, su mejor opción era irse a América.

Sin dudarlo un instante, Cecilia solicitó plaza como investigadora en la Universidad de Harvard y, en otoño de 1923, se embarcó rumbo a Estados Unidos, la tierra de las oportunidades.

«No se debe emprender una carrera científica en busca de fama o dinero. Hay formas mejores y más fáciles de obtenerlos. Debe hacerse solo por satisfacción propia, porque probablemente es lo único que se conseguirá».
Cecilia Payne

Inmigración a Estados Unidos

Las cuotas más altas de inmigración se produjeron hacia 1907, cuando más de un millón de migrantes llegaron al continente en busca de nuevas oportunidades.

☆ **Observatorio Universitario de Harvard**

Fundado en 1839, pertenece al Departamento de Astronomía de la Universidad de Harvard. Se dedica al estudio del medio interestelar, estrellas y objetos compactos, astronomía extragaláctica y física estelar.

☆ **Computadoras de Harvard**

Eran un grupo de mujeres que hicieron significativos avances en la clasificación de datos astronómicos. Aunque muchas eran graduadas en Astronomía, ganaban un sueldo bastante menor al de los astrónomos hombres. Juntas lograron catalogar más de 10 000 estrellas según su espectro.

El Observatorio de Harvard, fundado hacía más de cincuenta años, se había convertido en uno de los más importantes del mundo.

En cuanto comenzó a trabajar allí, lo primero que hizo Cecilia, curiosa como era, fue ponerse a explorar. En una de las salas encontró cientos de miles de placas fotográficas que mostraban registros de la luz que emitían todas las estrellas que se podían ver con el telescopio. Ese catálogo había sido realizado por un equipo de mujeres, a las que llamaban «Computadoras de Harvard». Ellas lograron hacer un mapa del cielo que le resultó muy útil a Cecilia y a otros investigadores que trataban de resolver los misterios del universo.

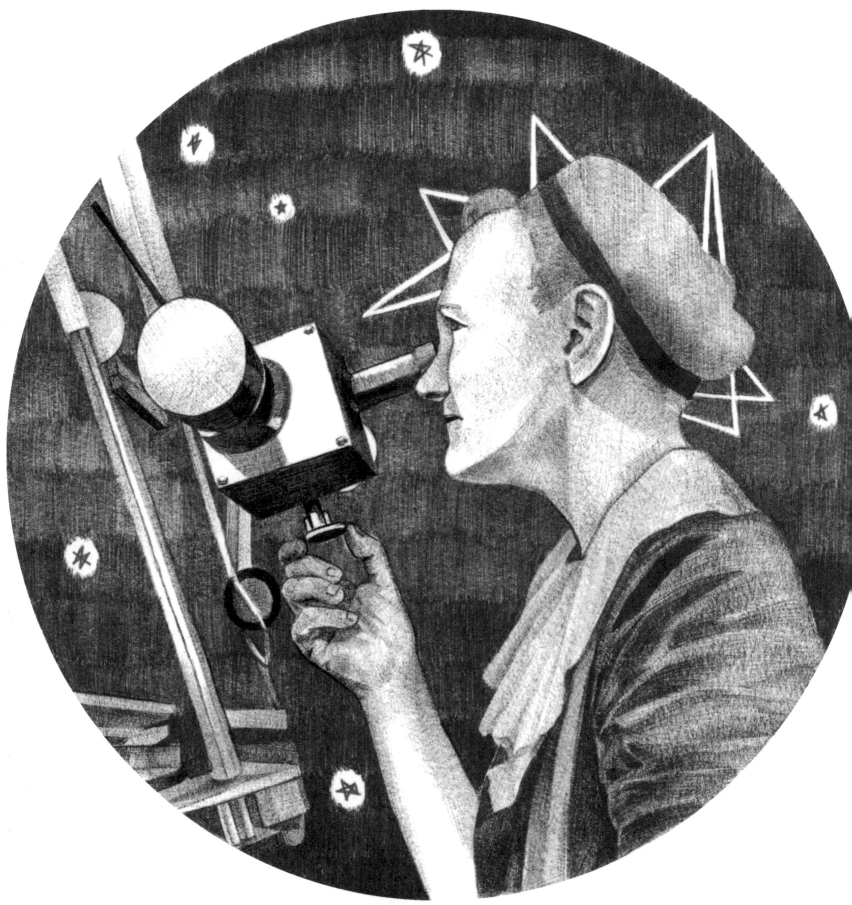

Recordó entonces que había leído el trabajo de otro científico que vivía en la India y había descubierto que, a partir de la luz que emitían las estrellas, se podía determinar tanto su temperatura como su presión. Con estos datos y sus propios hallazgos, Cecilia se dio cuenta de que tenía en su mano todo lo que necesitaba para conseguir su propósito.

¡Trabajó muchísimo! Revisó una por una todas las placas fotográficas y encontró la manera de calcular la temperatura exacta de las estrellas…, ¡que están muy calientes! Algunas de las que vemos desde la Tierra emiten incluso más calor que el Sol.

Con esa información, Cecilia publicó un artículo en una prestigiosa revista científica y su descubrimiento llegó a oídos de importantes hombres de la ciencia. Entre ellos, un profesor de la Universidad de Princeton, Henry Norris Russell, quien le reveló a Cecilia que tenía a su mejor alumno tratando de dar respuesta a las mismas preguntas que ella, lo que la empujó a trabajar aún más. ¡Llegó a pasar tres días seguidos en el observatorio! Parecía que el tiempo se esfumaba cuando estaba tratando de entender algo.

☆ **Universidad de Princeton**

Situada en Nueva Jersey, y fundada en 1746, la elitista Universidad de Princeton es una de las ocho universidades de la Ivy League y una de las mejores del mundo. Entre sus muros estudiaron desde el matemático John Nash y el escritor Francis Scott Fitzgerald hasta Michelle Obama y Jeff Bezos.

☆ **Henry Norris Russell (1877-1957)**

Nacido en Oyster, Estados Unidos, fue uno de los astrónomos más influyentes de la primera mitad del siglo xx. Pasó casi toda su vida profesional en Princeton y llegó a ser director del observatorio.

✳ Los elementos químicos y las estrellas

Las estrellas son permanentes productores de elementos químicos responsables de su alta energía y, por lo tanto, de su brillo. Los más abundantes son el hidrógeno y el helio en estado gaseoso.

Al principio todo cuadraba con lo que se sabía hasta entonces. Los resultados mostraban que la composición de todas las estrellas era la misma, sin importar lo calientes o frías que estuvieran. Y algunos de los elementos químicos que hallaba encajaban con las teorías que sostenían que las estrellas tenían una composición similar a la Tierra y a otros planetas, pero con temperaturas mucho más elevadas.

El primer dato que contradijo estas teorías fue la presencia de helio en cantidades muy superiores a las esperadas. En cuanto al hidrógeno, el elemento más simple, la lectura era un millón de veces mayor. Era posible que sus datos fueran incorrectos, pero era igualmente posible que estuviera a punto de hacer un descubrimiento importantísimo.

Tras numerosas charlas con su supervisor, Cecilia redactó los resultados en su tesis y la envió a evaluación. Quien la revisó fue ni más ni menos que Henry Norris Russell, que quedó sorprendido con su trabajo. Sin embargo, siendo un descubrimiento tan nuevo y tan rompedor, llegó a la conclusión de que sus hallazgos eran erróneos. Así se lo hizo saber en una carta en la que rechazó su trabajo y le comunicó que era imposible que el hidrógeno fuera un millón de veces más abundante que los metales.

Cecilia tenía ante sí una decisión muy difícil. Si no hacía caso a las notas de Russell, era posible que su trabajo no fuera publicado. Al final, optó por no desafiar a su mentor y añadió que sus resultados eran «casi certeramente falsos». Eligió muy bien sus palabras para dejar constancia con ese «casi» de que ella había sido la primera en llegar a aquella conclusión. Y así, con ese gesto de astucia, se convirtió en la primera persona en recibir el doctorado de Astronomía de la Universidad de Harvard.

Cuatro años después de la aprobación de su tesis, Russell reconoció que el descubrimiento de Cecilia era correcto, y escribió un artículo que ayudaría a que el resto de la comunidad científica reconociera también la veracidad de los datos.

En su artículo, Russell determinaba que las estrellas están compuestas en su mayor parte de hidrógeno y helio y, en mucha menor medida, de oxígeno y carbono. La comunidad científica de la época le adjudicó el descubrimiento a Russell, que no se molestó en aclarar el hecho de que había sido él quien convenció a Cecilia de calificar sus resultados de «casi certeramente falsos».

«Yo tuve la culpa por no haber insistido. Cedí ante la autoridad cuando creía que tenía razón. Lo escribo aquí como una advertencia para los jóvenes. Si uno está seguro de sus datos, debe defender su posición».
Cecilia Payne

Sergei Gaposchkin (1889-1984)

Astrónomo ruso que consiguió un visado a los Estados Unidos y un puesto en el Observatorio de Harvard gracias a la ayuda de Cecilia Payne. Se conocieron en Alemania, se casaron, colaboraron muchos años y publicaron juntos un libro sobre estrellas variables.

Aunque tardó en ser reconocida, Cecilia fue aceptada como una astrónoma brillante después de que su tesis se publicara. Con solo veintiséis años, era la astrónoma más joven en tener una estrella de distinción junto a su nombre en la publicación *American Men of Science*. Trabajó en el laboratorio de Harvard más de cincuenta años.

En 1934 se casó con Sergei Gaposchkin y tuvieron tres hijos: Edward, Katherine y Peter. Ser madre no le impidió seguir impartiendo clases y conferencias. En este sentido, contaba con todo el apoyo de su marido, que se quedaba al cuidado de los niños, algo impensable en la época.

Cecilia es un gran ejemplo de que la curiosidad y el amor por el conocimiento te pueden llevar muy lejos y ayudarte a superar grandes obstáculos. Su vida abrió camino a las mujeres y merece un homenaje: asómate a la ventana esta noche y mira las estrellas. ¡Aún queda mucho por descubrir allá arriba!

Tafel 36.

Kleinblätterige Ulme Ulmus

La protagonista

1900

Cecilia Helena Payne nace el 10 de mayo en la ciudad de Wendover, Inglaterra. Es una de los tres hijos de Emma Leonora Helena y Edward John Payne.

1904

El 26 de diciembre muere el padre de Cecilia, Edward John Payne, abogado e historiador londinense especializado en historia colonial.

1919

Cecilia inicia estudios de botánica, física y química en el Newnham College, un colegio de educación superior para mujeres de la Universidad de Cambridge.

1922

Ante la imposibilidad de obtener un título oficial en Cambridge debido a su sexo, Cecilia parte rumbo a la Universidad de Harvard, en Estados Unidos.

1925

Cecilia descubre que el hidrógeno es el elemento más abundante en la atmósfera de las estrellas y en el universo. Se convierte en la primera persona en doctorarse en Astronomía en la Universidad de Harvard.

Otros genios de la ciencia

355-415

Hipatia
La gran maestra de Alejandría

1643-1727

Isaac Newton
El poder de la gravedad

1815-1852

Ada Lovelace
La primera programadora de la historia

1856-1943

Nikola Tesla
El mago de la electricidad

1933

Cecilia conoce al astrofísico ruso Sergei Gaposchkin en Alemania y le ayuda a conseguir un visado a Estados Unidos. Se casan un año más tarde y tienen tres hijos.

1938

Tras décadas sin obtener un puesto oficial de académica en la Universidad de Harvard, se le concede a Cecilia Payne-Gaposchkin el título de «astrónoma».

1954

Cecilia Payne-Gaposchkin publica el libro *Estrellas variables y estructura galáctica*.

1956

Se convierte en la primera mujer en alcanzar el puesto de profesora asociada en la Universidad de Harvard y, más tarde, en la primera en dirigir allí un departamento.

1979

Cecilia Payne-Gaposchkin muere el 7 de diciembre en Cambridge, Massachusetts, Estados Unidos.

1867-1934

Marie Curie
El coraje de una científica

1900-1979

Cecilia Payne
La astrónoma que descifró las estrellas

1914-2000

Hedy Lamarr
Aventurera, inventora y actriz

1942-2018

Stephen Hawking
La estrella más brillante de la ciencia